AF509250

Troisième Année.

Ce numéro (Édition populaire) : **25** cent.

(Édition de Bibliothèque, ce Numéro, avec les 3 hors textes : 1 franc)

10 Mars 1907 (N° 27).

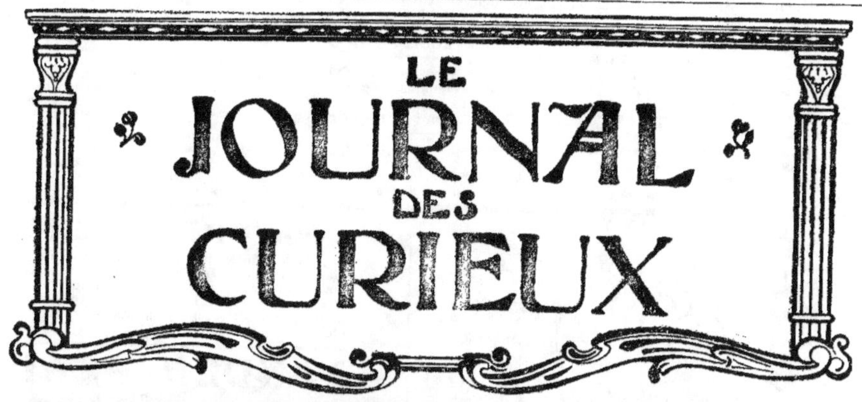

LE JOURNAL DES CURIEUX

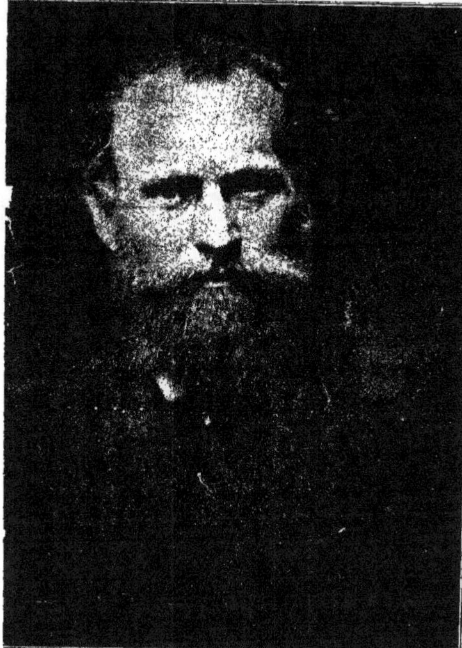

SOMMAIRE

Numéro spécial consacré à

EDOUARD MANET

Le JOURNAL des CURIEUX

RÉDACTION & ADMINISTRATION : 12, rue de la Grange-Batelière (à côté de l'Hôtel des Ventes, rue Drouot), P[...]

MANET AU LOUVRE

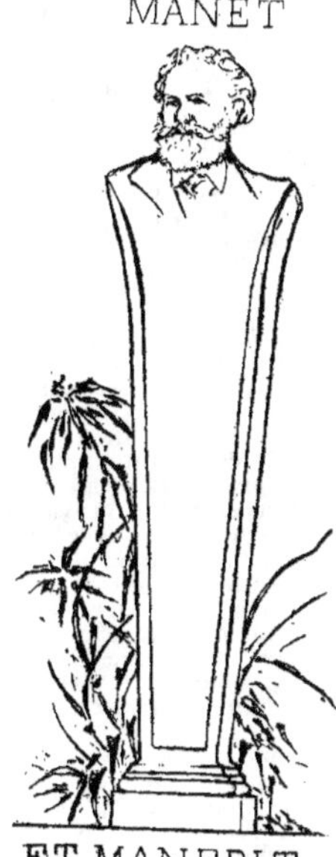

Ex-Libris d'Edouard Manet
(Collection Chatté-Le Marinel)

« Il faut être un ou mille ».

L'*Olympia* est au Louvre. Il convient d'associer absolument le nom de M. Clémenceau à cette consécration officielle définitive et de donner toute sa valeur à son acte de réparation exécuté sans phrases. Un article de Geffroy, une lettre de Léon Léenhoff, une visite de son ami Claude Monet, et aussitôt justice fut faite. Il y a loin de cette manière simple à l'ostentation d'Antonin Proust vantant à satiété l'acte de courage qui avait été en 1882 la décoration de Manet. Et puis M. Clémenceau à la mémoire au cœur et Léon Léenhoff, venu le remercier, fut profondément ému des souvenirs affectueux que le ministre sut évoquer, revivant les années déjà lointaines de ses relations amicales avec le peintre alors persécuté. En ce temps là, Manet fit plusieurs portraits du député Clémenceau ; — peut-être les rêves de ces deux jeunes hommes étaient sans obstacles à évoquer dans l'avenir les plus belles apothéoses ; l'un espérait déjà le pouvoir absolu ? Manet, — ceci est certain, — prévoyait le Louvre, mais eut souri, je gage, à l'idée que Clémenceau écarterait d'un mot la garde qui veille à sa barrière antique.

Au moment où l'on accrochait l'*Olympia* dans la salle des Etats en face de l'*Odalisque* de M. Ingres, venait de s'installer au Pavillon Marsan, la collection offerte par M. Moreau-Nelaton (1) dont le *Déjeuner sur l'herbe* de Manet fait partie. Il est curieux de retrouver ces deux tableaux réunis dans cette gloire tardive. A l'encontre des peuples heureux ils eurent une histoire, et même des histoires ; leurs destinées furent parallèles.

Le *Déjeuner sur l'Herbe* date de 1861 (2), proscrit par le jury en 1863, il figura au fameux *Salon des Refusés* (3), sous le titre *Le Bain*, il souleva une émotion pudibonde vraiment digne de l'attention des naïfs qui croiraient M. Béranger et notre époque seuls capables de mœurs vertueuses. En vain, Manet fit-il remarquer qu'également le *Concert* de Giorgone réunissait des personnages nus et habillés sans effaroucher les visiteurs du Louvre.

Manet peignit l'*Olympia* l'année de son mariage. Il se refusait à l'exposer : l'influence de Charles Baudelaire l'y contraignit et *Olympia* fut le scandale du Salon de 1865 (4), à tel point que deux gardiens en permanence de chaque côté de la toile durent le protéger contre la noble indignation du public.

En 1867, le *Déjeuner sur l'Herbe* et *Olympia* figurent au « Pavillon Manet », puis au lendemain de la Mort du maître, à l'Exposition de l'Ecole des Beaux-Arts (1884). A la vente de Manet (1884), l'*Olympia* est reprise par Léon Léenhoff pour 10.000 francs. A l'Exposition centenale de 1880, Manet occupe une place d'honneur dans le salon principal, grâce à l'influence d'Antonin Proust ; on invente à cette occasion le mot « *proustitution* de l'art ». Un Américain se propose d'acheter l'*Olympia* ; averti par John Sargent, Claude Monet ouvre une souscription pour racheter le chef-d'œuvre et l'offrir au Louvre : il réunit 20.000 francs (5). Antonin Proust juge utile de protester contre l'intention que les journaux lui prêtent de vouloir faire acheter l'*Olympia* par l'Etat, il n'aime pas l'*Olympia* et découperait la toile pour faire du bouquet une nature morte (6). Le 7 février 1890, Claude Monet et Camille Pelletan présentent à M. Fallières, alors ministre de l'Instruction publique la donation de l'*Olympia*. M. Larroumet était directeur des Beaux-Arts : son hostilité au maitre de la peinture sincère n'étonnera quiconque n'a perdu le souvenir de sa vaste et courageuse intelligence. La commission des musées nationaux (7) acccepta l'*Olympia* pour le Luxembourg (8), sans engagement de transfert au Louvre ; Montaigne disait : *il ne faut pas devancer son temps*. Le 6 janvier 1907, l'*Olympia* est installée au Louvre dans la salle des Etats.

---

(1) Rappelons ici le livre récent de M. Moreau-Nelaton sur *Manet, graveur et lithographe* (Loys Delteil, édit.).

(2) Manet avait trente et un an.

(3) Notons parmi les *refusés* de l'époque : Bracquemond, Cals, Cazin, Chintreuil, Fantin-Latour, Harpignies, Jongkind, J.-P. Laurens, Legros, Pissaro, Vollon, Whistler.

(4) C'est à ce Salon de 1865 que Claude Monet exposa pour la première fois.

(5) Voici la liste des donateurs de l'*Olympia* : Braquemond, Ph. Burty, A. Besnard, M. Bouchor, F. Bouchor, de Bellio, J. Beraud, Berend, M. Bernstein, Bing, L. Beclard, Ed. Bazire, J. Blanche, Boldini, Blot, Bourdin, Cazin, E. Carrière, J. Cheret, E. Chabrier, Clapisson, G. Caillebotte, Carries, Degas, Desboutins, Dalou, C. Duran, Duez, Durand-Ruel, Dauphin, Dayot, J. Dolent, T. Duret, Fantin-Latour, A. Flameng, Guerard, Mme Guerard Gonzales, P. Gallimard, Gervex, Guillemet, G. Geffroy, J.-K. Huymans, M. Hamel, Harrisson, Helleu, Jeanniot, Jourdain, Lhermitte, Lerolle, Leclanché, S. Mallarmé, O. Mirbeau, R. Marx, Moreau-Nelaton, A. Millerand, C. Monet, Oppenheim, Puvis de Chavannes, A. Proust, C. Pelletan, C. Pissaro, Portier, G. Petit, Rodin, Th. Ribot, Renoir, J.-F. Raffaelli, Ary-Renan, Roll, Robin, H. Rouart, F. Rops, J. Sargent, Mme de Seey-Montbéliard, Thornley de Vuillefroy : anonymes.

(6) M. Octave Mirbeau, qui avait fait son premier article de journal sur Manet, écrit en janvier 1890 au *Figaro* : Selon M. Proust « il manquait quelque chose à ce tableau... Quoi ?... Il ne savait pas au juste... probablement de n'être pas le portrait de M. Proust ».

(7) MM. Kaempfen, Lafenestre, Paul Durrieu, Henry de Chenevières, Arago, Gosselin, Bertrand.

(8) En 1890, le directeur du Luxembourg était M. Arago.

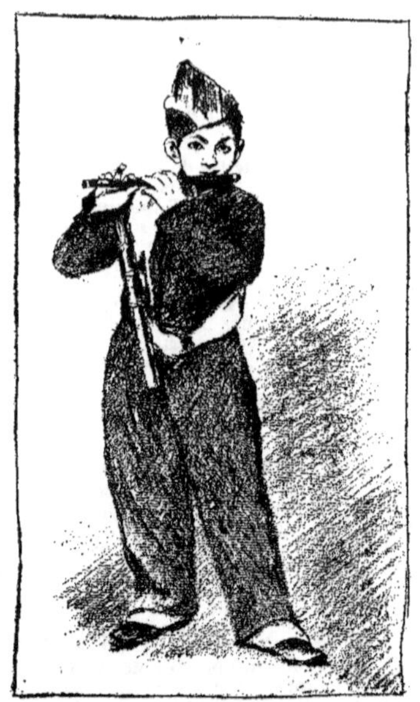

LE FIFRE DE MANET (Dessin de Renoir,
(Collection Léon Leenhoff)

Le Déjeuner sur l'Herbe fut exposé à l'exposition universelle de 1900 ; il appartint à M. Durand-Ruel, puis à Moreau-Nélaton qui l'aurait payé 80.000 fr. ; il fait partie de la donation Moreau-Nélaton, installée au pavillon Marsan.

.·.

La liste des honneurs officiels en France qui encouragèrent Manet ou le glorifièrent après sa mort sera brève. En 1861, son *Guitarero* obtient une mention ; l'année 1882, le jury lui décerne une seconde médaille ; Proust, aidé de Gambetta lui donne la Légion d'honneur, malgré l'hostilité de Grévy. En 1884, l'influence politique de Proust obtient de Jules Ferry l'Ecole des Beaux-Arts pour l'*Exposition posthume de Manet*. M. Gérome brandit d'indignation sa « *petittle cannne* » et M. Edmond About conseille de brûler du sucre après la fermeture. En 1889, la centenale. En 1890, c'est la donation de l'*Olympia* que notre spirituel Jules Claretie déjà bien vieux mais toujours vaillant appelle la *vierge sale*. En 1894, le legs Caillebotte fait encore entrer au Luxembourg le *Balcon* et *Angelina*. Depuis quelques années, il existe aux Gobelins la rue Edouard Manet. Enfin, cette année, la consécration classique du Louvre. Manet l'avait prédit, il serait curieux de savoir celles de ses œuvres qu'il y croyait destinées. En 1883, Bazire estimait que *lui absent du Louvre c'est une lacune impardonnable dans l'histoire artistique de notre pays* (1). En 1890, Bergerat affirme : « *S'il ne va pas au Louvre, sa place y restera marquée, voilà tout* ». Jules de Marthold désigne le *Déjeuner sur l'Herbe*. Avant tous, en 1865, Emile Zola avait écrit à propos de l'*Olympia* outragée : « *Cette toile est vraiment la chair et le sang du peintre : le destin a marqué sa place au Louvre* ».

Il est remarquabe que le même moment ait vu, par l'influence d'un ministre intellectuel, le Panthéon voté aux cendres de Zola et le Louvre ouvert à Edouard Manet. Jules de Marthold appelait Zola, l'élève de Manet. Aujourd'hui réunis dans la mort éternelle et la gloire plus brève, les noms de Zola et de Manet se côtoyèrent sans écart dans la vie. Zola et Baudelaire dont le cerveau précieux allait bientôt s'éteindre, furent les premiers et longtemps les seuls défenseurs de Manet.

Manet fait le portrait de Zola, Zola écrit l'*Œuvre*. Un jour Manet s'offrit au Conseil municipal pour décorer l'Hôtel de Ville de compositions sur *Le Ventre de Paris*. Pendant que Zola déblayait le roman du romanesque, Manet, selon la belle expression d'Antonin Proust, « *nettoyait la palette française* ». Sept ans après la mort de Manet, l'*Olympia* entre péniblement au Luxembourg, « sans engagement » et Zola ne fut pas de l'Académie : avouons que les institutions sociales savent choisir leurs lauréats et avec sagesse réserver leurs faveurs dans le présent à ceux que l'avenir oubliera.

Manet, Zola, vous fûtes

(Collection Chalté-Le Marinel).

des hommes simples ; sans tourner la tête vous avez côte à côte labouré jusqu'au bout votre sillon fécond, écartant d'un pied calme, sans ralentir votre effort, les pierres hostiles. Puis votre tâche accomplie, vous vous êtes couchés avec sérénité : — alors, la Vérité, votre déesse est venue vers vos tombes, vous a pris par la main et vous a menés vers les hommes futurs.

Louis PERRETTE.

(1 Edmond Bazire : *Manet*, Quantin, 1884.

Olympia [1]

La Fille des Iles.

A mon cher ami
Edouard Manet.

Quand, lasse de songer, Olympia s'éveille,
Le printemps entre au bras du doux messager noir;
C'est l'esclave, à la nuit amoureuse pareille,
Qui vient fleurir le jour délicieux à voir :
L'auguste jeune fille en qui la flamme veille.

Sans autre ivresse, Olympia chante et sourit.
Ses beaux yeux vont chercher des rives embaumées ;
Sa passion s'accouple au laurier qui fleurit ;
Toute sa vie est là ; ses croyances aimées
Et ce qu'elle regrette et ce qu'elle chérit.

Oh ! d'où viens-tu, Syrène, et quel parfum des Iles,
Sur ton corps velouté flotte et s'épanouit ?
Quels mirages vermeils, fixent les yeux tranquilles
Qui mesura l'attrait à tes formes graciles,
A cette bouche en fleur dont le regard jouit ? ..

Où puises-tu ces airs d'esclave ou de sultane,
Cette indolence reine et ce vague sommeil.
Cette langueur d'infante et ta pose profane ?
Mais ton corps virginal, rien d'obscur ne le fane,
Jeune lys d'Orient au calice vermeil.

Tu te souviens des mers limpides et bercées,
Et tu leur dois ce rhythme où mon désir se prend.
Des paysages de flamme embrasent tes pensées ;
Des ciels faits pour l'amour, sur un monde enivrant,
Se peignent dans ton âme aux splendeurs caressées.

Fille sensible et douce, apaise mes tourments.
Le flot qui m'a porté, secouait moins ma vie
Que le calme horizon de tes grands cils cléments.
Toi, que le regret fuit et que le charme envie,
Etrange enfant ! pardonne à mes égarements....

Avec les goûts de sage et la paix si charmante,
Que je t'aime !... Il faut peu, divine ! à tes loisirs :
La musique, un miroir, l'éventail, une mante,
Et le chat familier et la négresse aimante,
Maternelle bonté qui prévoit tes désirs.

Oubliée et chérie, oh ! tu règnes encore;
Etre belle, suffit à ton riant espoir.
Les remords, sur ce front qu'un lointain soleil dore,
N'ont jamais imprimé leur diadème noir.
Les larmes, dans tes yeux, seraient des pleurs d'aurore.

Ta seule volupté, c'est l'horizon des eaux,
Des palmiers, sur le fond des azurs qui se mêlent,
Et des marbres, groupés dans les jardins si beaux.
Infinis et parfums et murmures, t'appellent
Sous ton pavillon blanc fermé de blancs rideaux

Avant le bain, propice aux amoureux mensonges.
Tu fais du souvenir un chant plein de bonheurs ;
Et, demandant au ciel de te garder les cœurs,
Méchante enfant, tu ris de voir périr nos songes
Et ton réveil, Olympia, se donne aux fleurs !.....

Zacharie ASTRUC.

(Cadix).

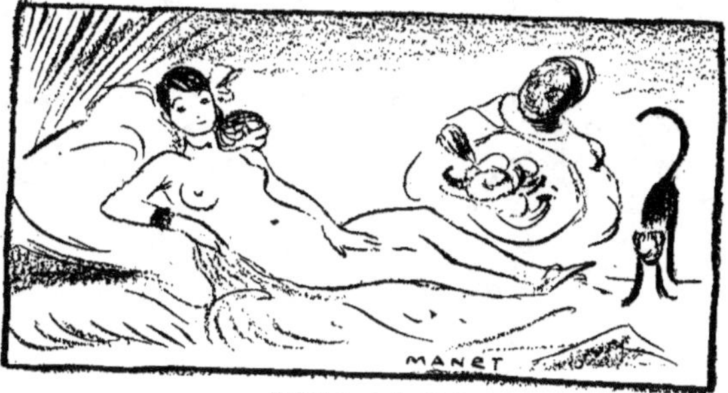

Caricature de *la Vie Parisienne* (16 février 1907).

Pas du tout, braves gens, ce ne sont pas les Folies-Bergères que M. Dujardin-Beaumetz a transférées au Louvre......, c'est l'Olympia.

(1) On ne connaît généralement de ce poème que les cinq premiers vers gravés sur le cadre de l'*Olympia*. Nous publions, à titre curieux, le poème entier de Zacharie Astruc.

ENQUÊTE SUR MANET AU LOUVRE

Le *Journal des Curieux* a ouvert une enquête sur l'opinion publique relative au transfert de *Manet au Louvre*. Les réponses seront publiées dans un prochain numéro.

Bellevue

20 Août

Mon cher ami, pourriez-vous
me recommander chaudement
à Mr Oudet Sénateur du Doubs
il y a une exposition à Besançon
j'y enverrai deux tableaux assez
importants. mais si on
n'a pas dans sa manche un
sénateur ou un député on
peut, pour parler vulgairement
se fouiller. Mr Oudet s'occupe
là-bas de la question artistique.
l'air de Bellevue me fait
beaucoup de bien j'en profite
tant que je peux. amitiés
E. Manet

NOTES SUR MANET

I — A propos du Portrait de la Mère de Manet]

Mme Manet mère, née Eugénie-Désirée Fournier, était la filleule de Charles Bernadotte, roi de Suède.

M. Fournier, son père, préfet à Pau, s'était lié d'une étroite amitié avec Charles Bernadotte, alors qu'il était maréchal de France, et aida, par la suite, son avènement au trône.

Le roi de Suède conserva toujours d'aimables relations avec M. Fournier et n'oublia jamais les services rendus.

A l'occasion du mariage de sa filleule avec M. Auguste Manet, magistrat distingué (18 janvier 1831), il lui constitua six inscriptions de rente de ses propres deniers, plus un don de 6,000 fr.

De cette union naquirent trois fils : Edouard, Eugène et Gustave Manet, dont la jeunesse se passa dans la propriété de Marolles, qui venait de la succession de M. Fournier, leur grand-père.

Le premier enfant, Edouard Manet naquit à Paris, rue Bonaparte, le 23 janvier 1832, il devint artiste peintre.

Le second, Eugène Manet, fit ses études de médecine. Il épousa Mlle Berthe Morisot, artiste peintre de talent dont quelques-unes des œuvres, faisant partie de la collection Moreau-Nélaton, sont destinées au Louvre.

Le troisième, Gustave Manet, avocat à la Cour impériale, fut élu conseiller municipal du 18º arrondissement, en remplacement de M. G. Clémenceau, élu député ; il fut ensuite nommé inspecteur des services administratifs.

Mme Auguste Manet devint veuve le 25 septembre 1862. L'année suivante, elle maria son fils Edouard, le 28 octobre 1863, à une Hollandaise, Mlle Suzanne Léenhoff, musicienne d'un fin et réel talent, — grande admiratrice des œuvres de Manet.

A cette époque, Edouard Manet était déjà très en vue, à cause de ses toiles qui soulevaient de nombreuses polémiques.

Sa femme l'encouragea dans la terrible lutte qu'il eut constamment à soutenir, ayant confiance en son étoile.

Après la mort de M. Auguste Manet, son fils Edouard et sa femme, ne voulant pas laisser leur mère seule, vinrent habiter avec elle rue de Saint-Pétersbourg, 49.

Le jeune ménage allait beaucoup dans le monde. Mme Manet mère, au contraire, n'acceptait que très rarement les invitations; elle se réservait, avec Mme Edouard Manet, sa bru, qu'elle considérait comme sa fille, pour ses réceptions des mardis et jeudis.

Pendant que ses enfants étaient en soirée, elle préférait rester à la maison, faire sa partie de tric-trac ou de bésigue, avec le jeune Léon Léenhoff qu'elle affectionnait tout particulièrement.

Femme d'intérieur, économe et rangée, d'un esprit vif et femme du monde par excellence Mme Manet réalisait ce qu'on était convenu alors d'appeler une femme accomplie.

Elle se multipliait pour ses réceptions qu'elle adorait et qui n'étaient pas sans être empreintes d'un certain cérémonial.

Dans ses salons, les mardis, avec Mme Edouard Manet, elles recevaient leurs intimes.

Les jeudis, au contraire, étaient consacrés à la réception des amis de ses fils. La soirée était toujours précédée d'un dîner où, tour à tour, étaient invitées les personnes avec lesquelles la famille était plus étroitement liée.

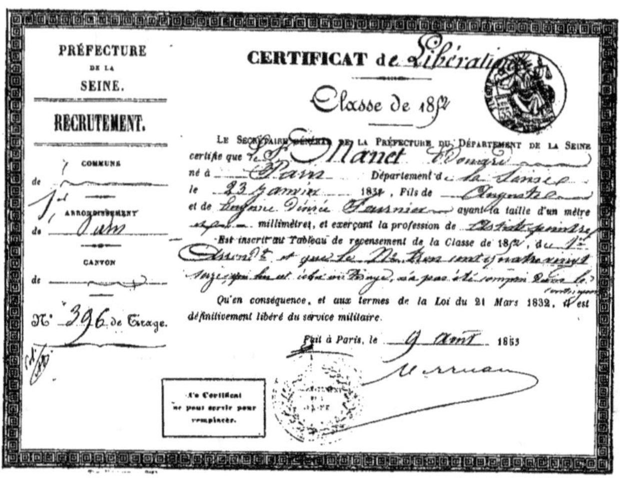

(Communiqué par Léon Léenhoff)

CERTIFICAT DE LIBÉRATION D'EDOUARD MANET

Ces soirées réunissaient des hommes politiques, littérateurs, peintres, sculpteurs, compositeurs, etc.

C'était, à proprement parler, un véritable berceau d'hommes célèbres ; pour la plupart, ils sont par leur talent arrivés à de hautes situations.

MM. Emile Olivier, Gambetta, Clémenceau, Antonin Proust, Baudelaire, de Banville, Champfleury, Duranty, Emile Zola, Mallarmé, Zacharie Astruc, Monet, Pissaro, Fantin-Latour, Bracquemond, Ph. Burty, Degas, Théodore Duret, Dr Dubois, Gonzalès, de Balleroy, Emmanuel Chabrier, abbé Hurel, Dr Siredey, Dr Marjolin, Renoir, Mouginot, de Nittis, Prins, Renoir, Stevens, etc.

Telles sont les grandes lignes de la naissance et de la vie de la mère de l'artiste.

Edouard Manet eut toujours pour sa mère, non pas une affection filiale ordinaire, mais un

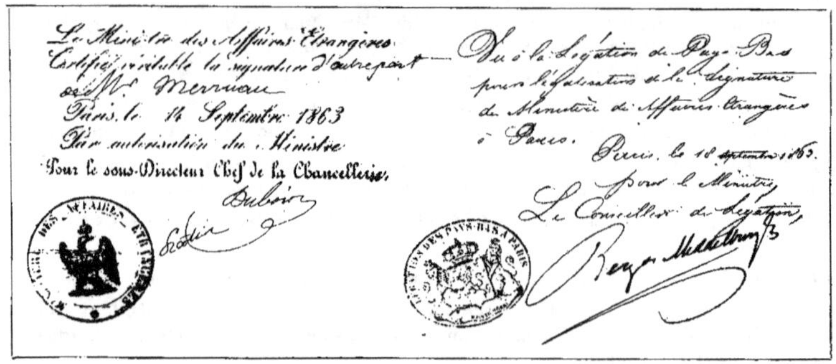

VERSO DU CERTIFICAT DE LIBÉRATION

véritable culte, et la pauvre femme eut la douleur de voir disparaître avant sa mort deux de ses fils : Edouard, décédé le 30 avril 1883, et Gustave, décédé le 18 décembre 1884.

Elle s'éteignit le 8 janvier 1885.

Elle n'est pas disparue complètement, car sa physionomie passe à l'immortalité par le talent de son fils Edouard, qui a fixé ses traits d'une façon si remarquable.

De toutes les œuvres de Manet, le portrait de sa mère est une des moins connues, car, sauf à son exposition particulière, en 1867, avenue de l'Alma, où il a figuré sous le n° 14, il n'a plus reparu dans aucune exposition.

Il a été conservé dans la famille d'où il n'est plus sorti.

Emile Zola, dans son étude biographique sur Edouard Manet, en 1857, en parle et le désigne sous le nom de Mme M...

On y lit :

« Enfin, restent quatre toiles à peine sèches, le Fumeur, la Joueuse de guitare, un Portrait de « Mme M..., une Jeune dame en 1866.

« Le portrait de Mme M... est une des meilleures pages de l'artiste. »

Le portrait de Mme Manet mère, la représente assise dans une pose naturelle qui lui était familière, tenant son lorgnon des deux mains ; le fond du tableau est noir, elle est complètement habillée de noir, et tous les détails de sa toilette se distinguent très nettement.

Ses cheveux sont disposés à la mode de 1830 qu'elle a conservée toute son existence.

Les dentelles et les rubans entrelacés de sa coiffure sont noirs et très apparents.

Les plissés garnissant ses manches, le ruban de sa ceinture, la boucle se voient très bien et tout est noir.

La figure est énergique, le regard expressif semble vous suivre partout où vous allez.

On voit que les traits révèlent, dans toute l'expression du terme, un caractère ferme et autoritaire.

Dans ses mains, admirablement dessinées, on semble voir circuler le sang.

Dédicace des *Exilés* (1873), à Mme Edouard Manet
(Communiqué par Léon Léenhoff)

Les artistes de valeur de notre époque, déclarent avec enthousiasme que, parmi les œuvres de Manet les plus réputées, ce portrait, à cause des difficultés picturales presque insurmontables qu'il renferme et dont Manet a triomphé avec tant de force et tant d'art, est le couronnement de son œuvre.

Il révèle en effet chez l'artiste, outre sa note personnelle, la force, la puissance, sinon supérieure du moins égale, des Frans Halz et des Goya.

Un de nos grands musées d'Europe s'est déjà mis sur les rangs pour essayer d'acquérir cette œuvre vraiment remarquable qui de nos jours, est déjà très haut cotée, mais qui, avec le temps, acquerra des proportions qu'il nous est impossible d'évaluer : sort, du reste, de tous les chefs-d'œuvre.

II. — **Manet et la deuxième Médaille.**

Manet avait exposé au Salon de 1881 (1) deux de ses plus célèbres tableaux, le *Portrait de M. Pertuiset*, le chasseur de lions, peint en plein air, et le *Portrait de M. Henri Rochefort*, peint dans l'atelier. Ces deux œuvres, autant et plus peut-être que ses œuvres précédentes, firent grand tapage. Une nouvelle campagne s'engagea contre lui, et l'artiste se trouva en butte aux critiques les plus acerbes, aux railleries les plus vives.

Mais le jury, qui commençait à compter des artistes indépendants , accorda la deuxième médaille à Manet, par dix-sept voix qui furent celles de MM. Bin, Carolus-Duran, Cazin, Duez, Feyen-Perrin, Gervex, Guillaumet, Guillemet, Henner, Lalanne, Lansyer, Lavieille, Em. Lévy, Alph. de Neuville, Roll, Vollon, de Vuillefroy.

En dehors de Manet, les secondes médailles avaient été accordées à MM. G. Bertrand, J.-A. Rixens, L.-F. Comerre, Julien Dupré, John-S. Sargent, Elie Nonclercq, Jules Masure, Jan Verhas, Ch.-J. Beauverie, A.-E. Pointelin, Théobald Char-

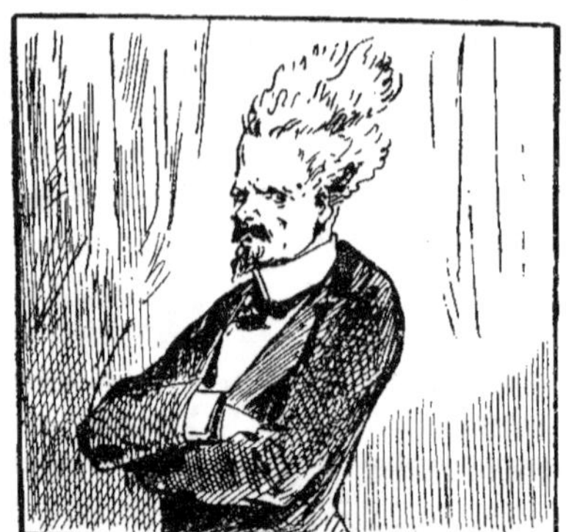

(*Collection Chatté-Le Marinel*)
Un coup de vent, souvenir de Rochefort.
Pourquoi, aussi, le mettre en plein courant d'air ?
(Caricature du *Journal Amusant*, 1881).

tran, Roger Jourdain, Victor Leclaire, Ch.-E. Dameron et A. Guillou

Manet, qui avait obtenu en 1861 une mention honorable, devenait donc maintenant *Hors Concours*.

L'attribution de sa deuxième médaille souleva contre lui de vives protestations. J'assistais le 24 juin 1881, dans le vieux Palais de l'Industrie, à la distribution des récompenses, que présidait Jules Ferry, ministre de l'Instruction publique et des Beaux-Arts ; car ce jour-là mon oncle, Victor Leclaire, qui a laissé de si belles œuvres, mais dans un genre essentiellement classique, mon oncle, digne continuateur de Saint-Jean, venait d'obtenir aussi sa seconde médaille. Comme le nom de Manet et le sien avaient été appelés presque en même temps, mon oncle avait dû attendre un bon moment avant d'aller chercher sa récompense, tenant à laisser s'éteindre l'écho des protestations, des cris et des sifflets qui avaient accueilli l'appel du nom de Manet.

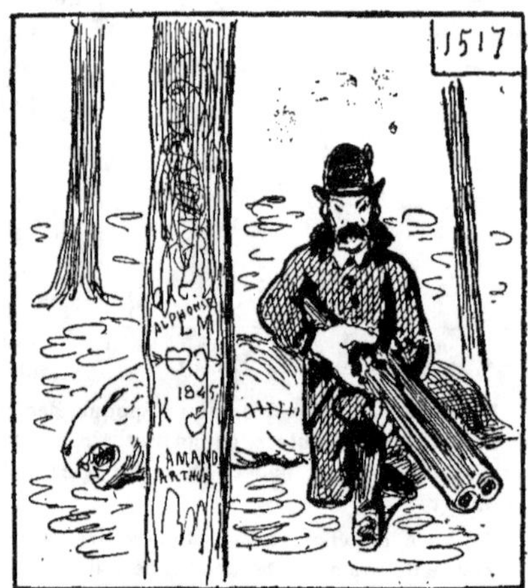

(*Collection Chatté-Le Marinel*)
M. Pertuiset demande pardon à Dieu et aux hommes d'avoir tiré sur une vieille peau empaillée.
(Caricature du *Journal Amusant*, 1881).

---

(1) Première exposition des *Artistes français*, constitués en société civile indépendante de l'Etat. Les années précédentes, — et depuis Richelieu, — les expositions étaient organisées directement par l'Etat.

(Note de l'auteur).

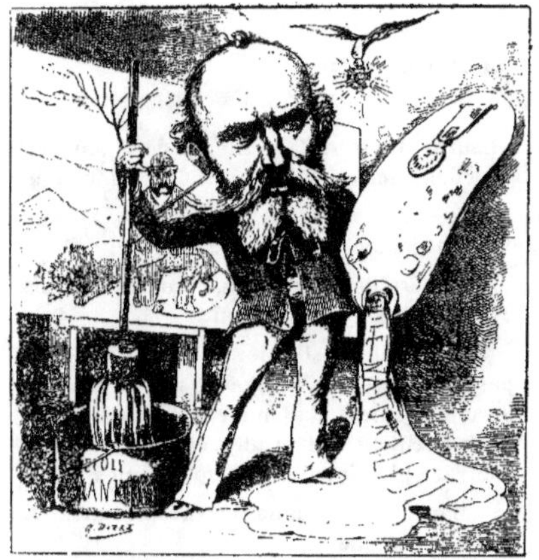

CARICATURE, par Darré.
(Collection Chatté-Le Marinel)

Ce dernier n'assistait pas à la cérémonie. Déjà malade, il était allé passer l'été à Versailles ; mais il avait chargé son beau-frère et filleul, Léon Léenhoff, de le représenter. Six mois après, Antonin Proust, alors ministre des Arts (1), fit obtenir le ruban rouge à l'auteur de *l'Olympia*. Ce fut de sa part, un acte de courage qu'il qualifiait lui-même d'*acte de réparation*.

Il se plaisait à me répéter qu'on lui en faisait de vifs reproches, et que, parmi les plus acharnés et les plus courroucés, était ce bon Monsieur Gérôme, dont l'indignation ne connut plus de bornes, lorsque Jules Ferry prêta l'École des Beaux-Arts pour l'exposition posthume des œuvres de Manet.

(1) Antonin Proust avait affecté l'expression de Ministre des Arts, les mots Beaux-Arts semblant indiquer l'existence de vilains arts.

DIPLOME DE LA NOMINATION DE MANET
Comme Chevalier de la Légion d'honneur

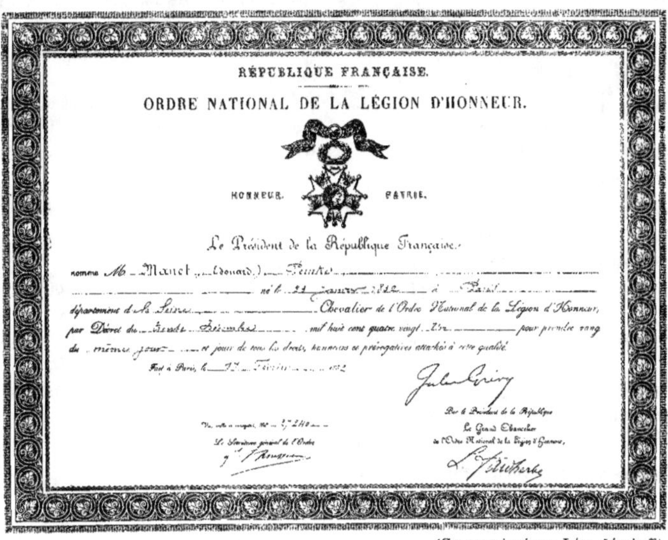

RÉPUBLIQUE FRANÇAISE.

ORDRE NATIONAL DE LA LÉGION D'HONNEUR.

HONNEUR. PATRIE.

Le Président de la République Française.

nomme M. Manet (Édouard.) Peintre

né le 21 janvier 1832 à Paris

département d'la Seine Chevalier de l'Ordre National de la Légion d'Honneur,

par Décret du trente Décembre mil huit cent quatre vingt Dix pour prendre rang

du même jour et jour de tous les droits, honneurs et prérogatives attachés à cette qualité.

Fait à Paris, le 1er Février 1882

Jules Grévy

Par le Président de la République
Le Grand Chancelier
de l'Ordre National de la Légion d'Honneur,

(Communiqué par Léon Léenhoff).

AVIS DE LA DIRECTION

Nos abonnés des éditions de bibliothèque et de luxe trouveront encartés ici trois hors-texte reproduisant : **Olympia, Le Déjeuner sur l'herbe, Le Portrait de la mère de l'Artiste.**

III. — La Mort du Maître.

Edouard Manet est mort le 30 avril 1883, à 7 heures du soir. Il était âgé de 51 ans, et, depuis trois années, souffrait cruellement de l'ataxie locomotrice qui s'était manifestée sous plusieurs formes.

Quelques jours avant sa mort, il avait été amputé d'une jambe, atteinte de gangrène.

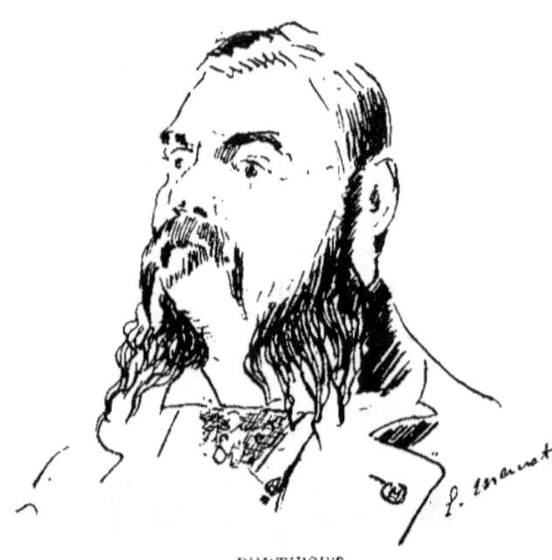

PERTUISET
Croquis d'Edouard Manet
pour le livre du baron de Vaux : *Les tireurs au pistolet*
(Marpon, éd., 1883)

L'opération fut pratiquée par les docteurs Tillaux, Siredey et Marjolin.

Ayant été anesthésié, Manet ne s'aperçut pas de l'opération et l'ignora même jusqu'au dernier moment. Sa femme et son beau-frère, Léon Léenhoff, lui prodiguèrent en vain les soins les plus intelligemment dévoués.

Manet avait comme un pressentiment de sa fin prochaine.

En 1881, un soir, dans le jardin de Pertuiset, à Montmartre, on causait de ceux qui s'en vont trop vite dans l'autre monde. Quelqu'un cita le nom de Duranty, l'auteur du *Malheur d'Henriette Gérard*, le critique préféré de l'Ecole des Batignolles, enlevé prématurément aux lettres.

Malgré une brouille passagère, Manet l'avait beaucoup aimé.

« C'est bizarre, dit-il, toutes les fois qu'on prononce son nom devant moi, il me semble voir ce pauvre garçon me faire signe de l'aller rejoindre. »

Manet était fataliste et très superstitieux.

Il avait pris comme modèle pour *l'Enfant aux cerises* un jeune garçon qui lui lavait ses brosses et lui nettoyait sa palette.

Cet adolescent avait du noir dans l'âme.

Un soir, Manet appelle son modèle ; il le cherche et l'aperçoit pendu dans un coin de l'atelier qu'il occupait rue Lavoisier.

Très frappé de ce suicide, l'artiste donna immédiatement congé et se mit en quête d'un autre local.

Il en trouve un sur la place Clichy, mais, en l'inspectant, il aperçoit un énorme clou ; ce clou l'intrigue, il ne peut en détacher ses yeux, et, par une sorte d'intuition :

— Qui donc s'est pendu là ? demande-t-il brusquement à la concierge.

— Qui vous l'a dit ? s'écrie celle-ci stupéfaite.....

Manet prit la fuite sans vouloir en apprendre davantage.

.·.

Les obsèques de Manet eurent lieu le 3 mai à l'église Saint-Louis d'Antin. Une foule d'amis y assistait. La bière disparaissait sous les couronnes et les fleurs.

A l'issue de la cérémonie, le cortège se dirigea vers le cimetière de Passy.

Les cordons du poêle étaient tenus par Antonin Proust, Emile Zola, Théodore Duret, Claude Monet, Fantin-Latour, Alfred Stevens et Philippe Burty.

On remarquait dans l'assistance : Puvis de Chavannes, Bastien-Lepage, Carolus Duran, Henri Rochefort, A. Guillemet, Bonnat, G. Clémenceau, Hébert, Ballu, Degas, Renoir, Sisley, Pissaro, François, Dusollier, Kaempfen, Duez, Cézanne, Caillebotte, Béraud, Dr Siredey, Henner, Gervex, Emmanuel Gonzalès, Champfleury, Castagnary, Cazin, Spuller, Henri et Albert Hecht, G. Charpentier, Paul Baudry, Charles et Ignace Ephrussi, Chaplin, Albert Carré, Vigneron, Raffaelli, Pelouze, Victor Leclaire, Charles Garnier, Adrien Marx, Carjat, Pierre Giffard, Pertuiset, de Nittis, Dupray, Pothey, Maurice Drake, H. Heymann, Coquelin Cadet, Armand Dumaresq, Daubray, Henri de Pène, Feyen-Perrin, Ernest d'Hervilly, Aubry-Vitet, Gustave Gœtschy, Mélingue, Eugène Muller, Léon Dierx, Forain, Jeanniot, de Vuillefroy, etc., etc.

Faure, retenu à Amsterdam par un engagement, avait envoyé une magnifique couronne de fleurs.

Devant le caveau de famille, Antonin Proust prononça d'une voix émue un éloquent dernier adieu.

.·.

Le 8 mars 1906, la fidèle compagne du Chef de l'Ecole impressionniste mourait à son tour.

Les obsèques eurent lieu le 11. Le pasteur Weber vint à la maison mortuaire, où il officia et retraça la vie de l'épouse dévouée du célèbre peintre, de l'excellente musicienne qu'était Madame Manet.

Elle fut une des premières à exécuter la musique de Schumann aux concerts Pasdeloup et Manet s'est plu à la représenter plusieurs fois à son piano.

Nombreuse était l'assistance venue à la maison mortuaire (94, rue Saint-Dominique) rendre les derniers devoirs à Madame Edouard Manet. Citons :

Mmes Alexandrine Zola, Albert Hecht, de Nittis, Fantin-Latour, Glatron, Rousseau, Pontillon, Paule Gobillard, Jeanne Guérard, etc. ;

MM. Roger Marx, Inspecteur général des Beaux-Arts, Théodore Duret, Degas, Durand-Ruel, Ernest et Albert Rouart, Camentron, Vollard, Henri Rouart, Paul Chevallier, Pontremoli, Derivis, Dr J. de Nittis, Pélardy, Pierre Prins, Dr Delaunay, Chatté, Prins père, Albert Moullé, de Vallerot, E. d'Arnaville, etc., etc.

Madame Manet repose maintenant avec son mari dans le petit cimetière de Passy, si merveilleusement décrit par Zola dans *Une Page d'amour.*

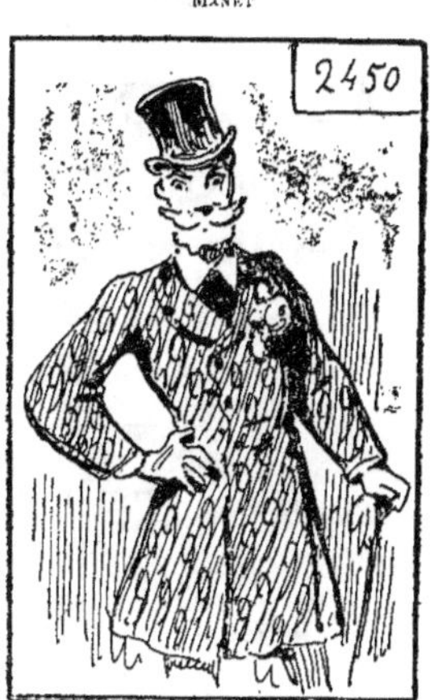

MANET

M. Antonin Proust, habillé de neuf
Caricature de Stop *(Journal Amusant)*
(Collection Chatté-Le Marinel)

IV. — Testament d'Edouard Manet

Je crois intéressant de publier pour la première fois, avec autorisation de la famille, le testament d'Edouard Manet :

CECI EST MON TESTAMENT

J'institue Suzanne Léenhoff, ma femme légitime, ma légataire universelle. Elle laissera par testament tout ce que je lui ai laissé à Léon Koëlla dit Léenhoff qui m'a donné les soins les plus dévoués et je crois que mes frères trouveront ces dispositions toutes naturelles.

Une vente des tableaux, esquisses, dessins qui se trouveront dans mon atelier après ma mort sera faite. Je prie mon ami Théodore Duret de vouloir bien s'en charger me rapportant complétement à son goût et à l'amitié qu'il m'a toujours montrée pour savoir ce qu'il y aura lieu de livrer aux enchères ou de détruire. Je le prierai de choisir en souvenir de moi un tableau qui lui plaira dans mon œuvre.

Sur la somme résultant de la vente de mes tableaux, il sera prélevé une somme de cinquante mille francs qui sera donnée à Léon Koëlla dit Léenhoff, le reste reviendra à Suzanne Léenhoff ma femme. Je prie mon cousin Jules Dejouy d'être mon exécuteur testamentaire et lui recommande tout spécialement les intérêts de ma femme, je le prie d'accepter en souvenir de moi une tabatière en or qui me vient de mon grand-père.

Si je mourais avant que mes propriétés de Gennevilliers soient réalisées, je désirerais que ma femme continue à vivre avec ma mère.

Je charge ma femme de donner a mes frères et à amis les souvenirs de moi qui lui conviendront.

Fait à Paris et complétement écrit de ma main le 30 septembre 1882.

Signé : Edouard MANET.

Il est bien convenu que Suzanne Léenhoff ma femme laissera par testament à Léon Koëlla dit Léenhoff la fortune que je lui ai laissée.

Signé : Edouard MANET.

Ajoutons que les vœux exprimés par le maître ont été religieusement observés par sa veuve. Quant à son ami Théodore Duret, il a montré en la circonstance comme toujours un dévouement, une abnégation et un désintéressement dignes des plus grands éloges.

V. — La vente Manet en 1884
(4 et 5 fevrier)

Tout le Paris artiste s'était donné rendez-vous à la vente après décés de Manet et les admirateurs et amis se faisaient remarquer par leur enthousiasme, criant bien haut leur espoir de voir l'Etat acheter pour le Louvre, ainsi qu'il l'avait fait récemment pour Courbet.

Hélas ! Il a fallu attendre 23 ans pour voir Manet prendre sa place naturelle dans notre première galerie nationale. Les salles 8 et 9 avaient été réunies en une seule.

Au bureau, se trouvaient Mes Paul Chevallier et Robert Le Sueur. Les experts Durand-Ruel et Georges Petit présentaient les tableaux.

Enfin, puisque nous écrivons pour les curieux, disons que deux crieurs Daire et Broust assistaient les experts. Constatons que les grands marchands manquaient.

La vente commença par les gravures et dessins.

On voulait tâter le pouls aux acheteurs.

Dans les dessins, citons :

Bazaine, 32 fr. — *Le Chat*, 100 fr. — *Portrait de H. Vigneaux*, 30 fr. — *L'homme aux béquilles*, 46 fr. — *Espagnol*, 50 fr.

AFFICHE DE LA VENTE D'EDOUARD MANET
(Collection Chatté-Le Marinel).

— Mlle Dodu, 127 fr. — *Au Théâtre*, 55 fr. — *Au concert*, 37 fr. — *Plainte moresque*, 126 fr. — *Annabell Lée*, 105 fr.

Les eaux-fortes et lithographies se vendirent assez bien. Du reste, continuons à indiquer les prix :

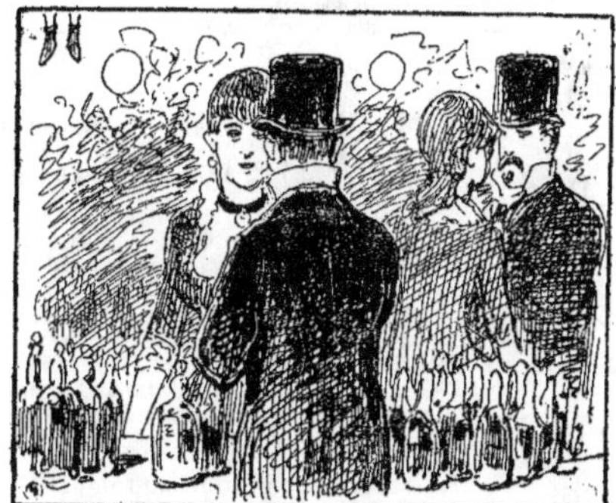

UNE MARCHANDE DE CONSOLATION AUX FOLIES-BERGÈRES. — (Son dos se reflète dans une glace ; mais sans doute par suite d'une distraction du peintre, un monsieur avec lequel elle cause et dont on voit l'image dans la glace n'existe pas dans le tableau. — Nous croyons devoir réparer cette omission. Salon 1882).

Caricature de Stop *(Journal amusant)*.

(Collection Chatté-Le-Marinel).

Chapeau et guitare, 200 fr. — *Le Christ et les anges*, 145 fr. — *Lola de Valence*, 125 fr. — *Le Rendez-vous de chats* (composition qui servit à l'affiche du livre *Les Chats* de Champfleury), 200 fr. — *Derrière la barricade*, 77 fr. — *Les courses*, 70 fr. — *L'exécution de l'Empereur Maximilien*, 75 fr. — La lithographie de *Polichinelle* se vendit 265 fr.

Les aquarelles vinrent ensuite :

La posada (faite chez le peintre Alfred Stevens), 200 fr. — *Les petits cavaliers* (d'après Vélasquez), 300 fr. — *La guerre civile*, 205 fr. — *Une vue d'Argenteuil*, 255 fr. — *Bateaux de Seine*, 140 fr. — Trois belles aquarelles de fleurs (de ces fleurs aux transparences inouïes) firent 410, 290 et 185 fr.

Mᵉ Chevallier ayant mené rapidement les choses, on arriva vite aux gros morceaux. La grande bataille s'engagea et voici les principaux prix atteints dans ces deux vacations :

Pastels : *Portrait du poète Georges Moore*, 1.800 fr. — *L'homme au chapeau rond*, 1.050 fr.

Parmi les pastels, se trouvait une série de Parisiennes qui, d'après Jules Claretie, ont une clarté et une vie singulières.

La femme au carlin, 900 fr. — *La femme à la fourrure*, 160 fr. — *Deux têtes de jeunes filles*, 400 et 620 fr. — *Femme au bord de la mer*, 1.500 fr. — *La Viennoise*, 700 fr. — *Tête de femme*, 500 fr.

Passons aux tableaux :

Argenteuil (salon de 1875), dont Manet n'avait jamais voulu se séparer, fut mis à prix à 15.000 fr. par Durand-Ruel et repris à 12.500 fr. par Léon Léenhoff, le beau-frère et filleul de Manet.

Lorsqu'on présenta *Hamlet* (salon de 1877) tous les regards se portèrent vers Faure, dont cette toile est le portrait. Rappelons à ce sujet l'amusante caricature de Cham : Hamlet, devenu fou, se fait peindre par M. Manet.

Durand-Ruel fut, à 3.500 fr., adjudicataire de ce tableau.

Le Bar aux Folies-Bergères (salon de 1882) adjugé 5.850 fr. au compositeur Chabrier. — *Le Skating*, 1.670 fr. (même acheteur). — *L'Automne*, 1.550 fr. — *La leçon de musique* (salon de 1870), 4.400 fr. Ce tableau est le portrait de Zacharie Astruc, peintre sculpteur et littérateur, auteur du poème : *Olympia, la fille des îles*, à qui Manet avait emprunté l'idée de son tableau.

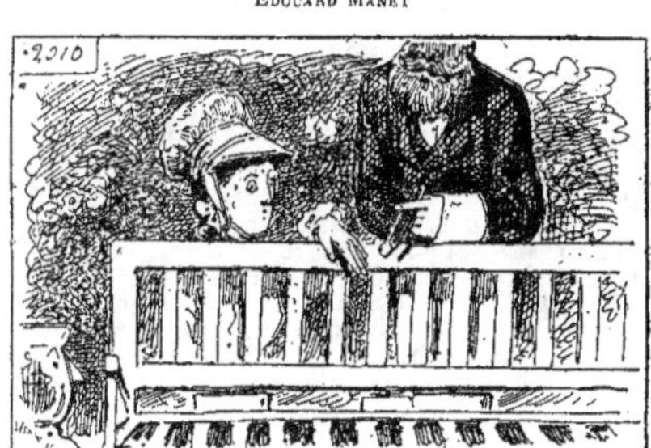

DANS LA SERRE

Une jeune personne innocente est prise dans la serre d'un perfide séducteur (Salon de 1879)

Caricature de Stop *(Journal amusant)*.

(Collection Chatté-Le Marinel).

— Nana (cette merveille d'élégance effrontée, suivant le mot de Bazire), se vendit 3.000 fr. au Dʳ Robin, le célèbre histologiste.

Il est curieux de connaître les gens de goût de cette époque : Th. Duret, Albert Hecht, Faure, Rouart, Mme Martinet, Ephrussi, Charles Deudon, Chabrier, Caillebotte, Desfossé, James Tissot,

Chauchart, Mme Scott, Clapisson, Revillon, Nadar, Bernstein, Pertuiset, May, Fernand Crouan, Dollfus, de Bellio.

Notons encore ces prix :

Jeune fille dans un jardin, 5.000 fr. — *Chez le père Lathuille* (salon de 1880), 5 000 fr. — *Le linge* (refusé au salon de 1876 !), 8.000 fr. — *Le balcon* (salon de 1869), 3.000 fr. — *La Dame aux éventails,* 1.300 fr. — *La nymphe surprise,* 1.250 fr. — *Claude Monet dans son atelier,* 1.150 fr.

Enfin l'*Olympia,* qui vient d'entrer au Louvre, et qui avait été exposée au salon de 1865, fut reprise à 10.000 francs par Léon Léenhoff.

C'est en 1890 que Claude Monet prit l'initiative de la souscription qui devait amener l'entrée de l'*Olympia* au Luxembourg et, comme le dit justement M. Théodore Duret (1) dans son savant ouvrage, *Les Peintres impressionnistes* (Paris, Floury, 1906) : « Pendant plus d'un an, il consacra son temps et ses efforts aux démarches nécessaires. »

La vente avait produit au total 116.637 francs pour les deux vacations.

Les prix atteints les 4 et 5 février 1884, paraissent bien modestes aujourd'hui. Et, cependant, le résultat était déjà très beau, car le talent de Manet était encore discuté et la critique le traitait avec des rigueurs extrêmes.

Le temps, qui répare bien des injustices,— et des affections fidèles, — l'ont mis maintenant au premier rang des maîtres de l'Ecole française, et son nom grandit sans cesse dans l'histoire de l'Art qu'il a tant honoré.

EDOUARD MANET

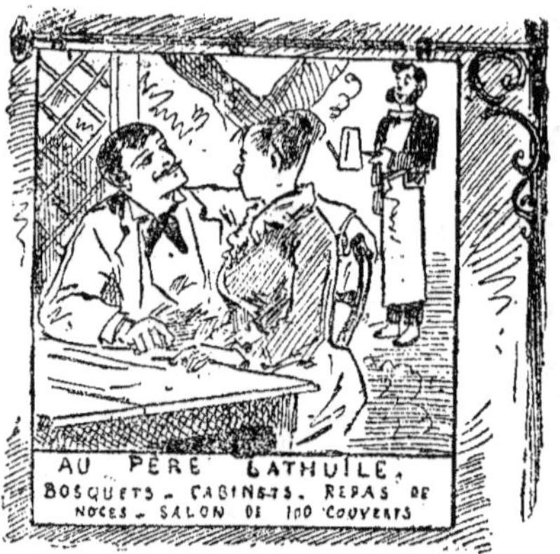

Où l'artiste commence à gagner sa vie en se consacrant à la peinture d'enseignes.

Caricature de Stop *(Journal amusant).*

(Collection Chatté-Le Marinel).

André CHATTÉ.

Post-scriptum. — Edouard Manet répétait souvent dans sa famille :

« Un jour viendra où mes toiles seront couvertes d'or, malheureusement, vous ne verrez pas cela. » Et au jeune Léon Koëlla, dit Léenhoff, pour lequel il avait une affection toute paternelle : « Toi non plus, tu ne verras pas cela ; le succès sera tardif, mais il est certain, j'entrerai au Louvre. »

Le vœu du grand artiste est enfin réalisé et assez tôt pour que, contre son attente, quelques-uns de ceux qui ont assisté à ses luttes et vénèrent sa mémoire aient vu cette prophétie s'accomplir. *Olympia* est au Louvre Le talent d'Edouard Manet est enfin consacré officiellement.

M. et Mme Léon Koëlla, dits Léenhoff, sont allés au Ministère de l'Intérieur, remercier M. Clémenceau de cette décision, et pendant l'entrevue qui a été des plus sympathiques et des plus cordiales, M. Clémenceau s'est plu à retracer, outre les puissantes qualités de l'artiste, les souvenirs affectueux qu'il a conservés de ses relations avec l'homme de cœur et d'esprit qu'était Manet.   A. C.

27 février 1907.

MANET

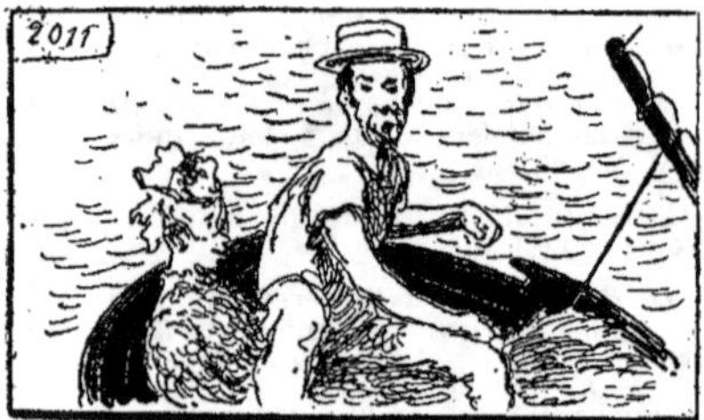

par M. Manet, chef de l'entreprise des bateaux

Caricature de Stop *(Journal amusant).*

(Collection Chatté-Le Marinel).

---

(1) M. Théodore Duret a publié chez Floury, en 1902, une *Histoire d'Edouard Manet* qui est un véritable monument élevé à la gloire du Maître. Nous en recauserons dans un Essai de bibliographie des ouvrages relatifs à Manet.

Dédicace du « SANG DE LA COUPE », à Mᵐᵉ Édouard Manet
(Communiqué par Léon Léenhoff).

Vous avez pris l'air effronté d'un qui s'en fiche,
Mais vous avez intensément pleuré, pauvre Poliche !...
Je vous aime. Je veux vous donner ce joujou
Qui, quoique trop classique, est bien un peu de vous
Tout de même ! de ce gros homme à la voix ivre
Qui presse sa beauté, à deux mains, dans son âme,
Et s'efface de peur d'importuner les dames !...
Vous l'avez expliqué ; vous nous l'avez fait vivre
Entier !... On s'y retrouve à présent ! C'est un homme.
Regardez-le c'est lui, laid, gueulard, rouge, atroce...
Mais on ne savait pas ce qu'il était en somme...
Vous avez épinglé un cœur dans cette bosse.

31 décembre 1906.

Henry BATAILLE.

(1) Le 10 décembre 1906, M. de Féraudy a créé, à la Co-
médie-Française, POLICHE, d'Henry Bataille, on sait avec
quel succès. Au 1ᵉʳ janvier, M. Henry Bataille a adressé à
M. de Féraudy une épreuve de la célèbre lithographie en
couleur de Manet, « Polichinelle », avec les vers ci-dessus
écrits sur la marge du cadre. C'est grâce à l'autorisation
de M. de Féraudy que nous publions cette page moderne
et émue de l'exquis poète.

ÉTRENNES [1]

A Maurice de Féraudy.

Recevez ce Polichinelle extravagant,
En souvenir de son diminutif moderne
Qui porte haut-de-forme, met des gants,
Et boit lugubrement des gins en des tavernes...
Frère bourgeois de ce seigneur apoplectique
En beau costume, il va, vient, vire, braille et passe
Avec un grand œil bleu rêveur dans cette face
Que la joie enbourgeonne... On le croyait comique ;
Vous avez dévoilé son mystère très tendre,
Très bébête, de gros bonhomme délicat
Qui se fait idiot ou nul pour condescendre
A l'absurde douceur des femmes, dont les bras
Sont si réconfortants sur des tempes souffrantes,
Si délicieusement passagers sur des bouches !...
Vous avez dit le masque à cause des amantes,
La solitude de leurs amours dans leurs couches,
Vous avez dit bien d'autres choses désolantes
D'un rire pathétique, — et votre deuil nous touche...

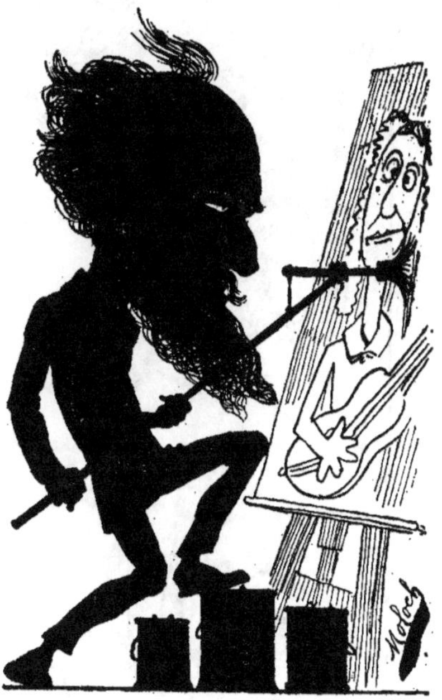

Caricature par Moloch
(Collection Challé-Le Marinet).

Lettre de Camille de Sainte-Croix

Elève de seconde au Lycée Fontanes

Du 26 mai 1876.

Monsieur,

En revoyant dernièrement dans ma collection de la Galerie des contemporains illustres la photographie de votre « *Bon bock* », cette composition si parfaite au point de vue de la vérité et de la vie, je n'ai pu m'empêcher de griffonner, au bas de la feuille, ce sonnet :

La toque renversée et la bouffarde en main,
Des doigts pressant un bock à l'énorme encolure,
Il sourit en lançant avec sa franche allure
La fumée aux passants qui vont sur le chemin.

Quel bon nez court et gras, son éclatant carmin
Fait songer aux soleils couchants. La large enflure
De son ventre combat vainement la doublure
De son gilet crasseux. Il n'a plus rien d'humain,

Ce buveur acharné ! Mais, quelle bonne vie
Il doit mener ! Son air béat vous fait envie
Et l'on est gai, rien qu'en contemplant sa gaîté !

Tu regardes le monde aller ! tu sembles rire
En me voyant chercher mes rimes pour t'écrire.
Eh bien ! toi qui ne fais rien, bois à ma santé !

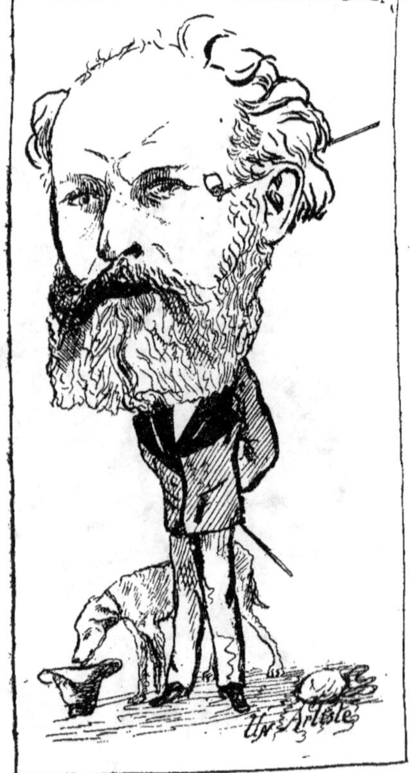

(Collection Chatté-Le Marinel).

Si vous le jugez digne d'une appréciation, vous me feriez un grand plaisir et un grand honneur en me la donnant.

Quoique je sois encore au Lycée, entre les mains des esthéticiens et des faux prêtres du beau et du vrai, je sens qu'un artiste ne peut vraiment prétendre à la beauté qu'en rendant fidèlement la nature tout en lui imprimant un cachet particulier qui s'appelle « original ».

Nul mieux que vous n'a compris l'art de cette façon, témoins : *Olympia, le Bon bock, Un Artiste*, ces œuvres capitales, dont la valeur sera unanimement reconnue lorsque le monde artistique et littéraire comprendra :

Que Baudelaire, Musset et Victor Hugo sont de plus grands poètes que Boileau, Racine et Ponsard ;

Que Saint-Saëns et Massenet sont plus inspirés que MM. A. Thomas et Gounod ;

Que M. Manet a plus de couleur, de vie et de sentiment que MM. Cabanel, Landelle, Bouguereau et Cie.

Un de vos petits admirateurs :

Camille DE SAINTE-CROIX,
Elève de seconde au Lycée Fontanes.

26 mai 1876.

Le Gérant : E. FLEURY.

Paris. — Imp. du *Journal des Curieux* : Vᵉ Félix GUY et Cⁱᵉ, 11, rue de la Halle-aux-Toiles, Alençon.

www.ingramcontent.com/pod-product-compliance
Lightning Source LLC
LaVergne TN
LVHW011437170726
843501LV00009B/3254